Sint Nicolès dins lès rûses

FÉLIX TIMMERMANS

Sint Nicolès dins lès rûses

Avou dès dèssins
da ELSE WENZ-VIËTOR

Mètu è walon dèl réjion d' Nameur
pa BERNARD LOUIS

Edition Tintenfaß

Titre original: De nood van Sinterklaas
© Les héritiers de Felix Timmermans

Tous nos remerciements au Comité roman du Comité belge du Bureau européen pour les Langues moins répandues (CROMBEL / micRomania), à *Èl Môjo dès Walons* – Maison carolorégienne des Traditions et au Service des Langues régionales endogènes du Ministère de la Fédération Wallonie-Bruxelles qui ont favorisé l'édition de cet ouvrage.

© 2022 Edition Tintenfaß
69239 Neckarsteinach / Allemagne
Tel. / Fax: +49 – 62 29 – 23 22
www.editiontintenfass.de
info@editiontintenfass.de

Mise en page : τ-leχıs · O. Lange, Heidelberg

ISBN 978-3-98651-024-4

Po Mossieû l' Rèvèrand Mil. Broers,
qui v'leûve télemint lîre one istwêre di sint Nicolès.

tchèyeûve co saquants tinrès flotchîyes djus do nuwadje di nîve qu'ènn'aleûve, èt, tot d'on côp, qu'on n' s'î atindeûve nin, li ronde lune a v'nu r'glati pad'zeû l' blanke toûr.

Li vile couviète di nîve a div'nu one vile ârdjintéye.

C'èsteûve one chîje ossi cwéye qu'one plume èt ossi paujêre qu'one fleûr di lis´. Èt on n'aureûve nin stî sbaré s'on-z-aureûve vèyu lès tron.nantès stwales distchinde èt s' pormwinrner come dès sints moussîs d'one chazûbe d'ôr.

C'èsteûve one chîje tchwèzîye po dès mèrvèyes èt dès miraukes. Mês pèrson.ne ni vèyeûve li nozéye biaté dèl vîye pitite vile pad'zo l' nîve, qui l' lune fieûve riglati.

Lès djins dwârmin.n´.

I-gn-aveûve qui l' powéte Régulus´ Dèltoûrniole, li cia qu' vèyeûve li biaté pa t't-avau èt qui po ça aveûve dès longs tch'vias, qu'èsteûve achî, dins l' lumiére d'one tchandèle èt dins l' fuméye di s' pupe ; il èsteûve à fé dès vêrs su lès dieûs d' l'Olimpe èt su l' ciél jamês parèy dèl Gréce qu'il aveûve si télemint an'miré su dès gravûres fêtes dins l' bwès.

Li wiyeû d' nêt, Jèrome Pimpurniaus, qu'èsteûve di gârde su l' toûr, coureûve tos lès quârts d'eûre tot l' long dès quate traus au vint, po sofler al vole trwès notes, èt pwis i riv'neûve su s' pwès dins si p'tite tchôde tchambe di bwès, addé s' ronflant diâle. I s' rimèteûve à lîre dins si p'tit lîve, *Li Raskigno walon, on cint d' tchansons por on d'méy-franc*. S'i-gn-aveûve one qu'i con'cheûve l'êr, i l' sayeûve su s' vî viyolon èt l' tchanter au d'truviè di s' blanke moustatche jusqu'à

tant qu' ça r'dondeûve al copète dins l' tchèrpinte nwâre come on cwârbau. À môde di rècompinse, il aveûve on potèt d' frisse bîre po rècrachî s' bûzia.

Trinète Sandronète dèl *Narène di suke* èsteûve achîte è s' cûjène èt èlle wêteûve, tote pèneûse, pa l' finièsse di s' botiquia d' boubounes. Si keûr èsteûve come s'il aureûve tchèyu dins on bouchon di spènes. Li keûr da Trinète Sandronète èsteûve si pèrcé èt si cwachî, nin pace qui totes sès boubounes di sint Nicolès avin.n´ sitî vindeuwes, â non.na ! Mês pace qui l' grand batia d' chôcolat dimeureûve là an rak. Il èsteûve wôt d'on d'méy-mète èt long di d' ci jusqu'à là.

Qu'il èsteûve bia, padrî lès câraus gros vèt´ di s' botiquia ! Djolimint r'couvièt d' papî ârdjinté, dècoré avou dès rôses di suke, il aveûve dès p'titès chaules di blanc suke èt dèl fuméye dins sès tch'minéyes ; li fuméye c'èsteûve dèl wate.

Ci pîce-là tot-ètîre, èle lî riv'neûve ossi tchêr qui l' pècléye dès coquias d' pausse avou one plume è leû drî, dès craquelins, dès bolomes di rodje suke, dès lacètes, dès tchapias d' curé, èt dès crins d' chôcolat. Èt si ç' pîce-là, ci batia-là qu'on-z-aveûve batijî *Congo* avou dès lètes di rôse suke, n'èsteûve nin vindeuwe, tote si gangne èsteûve dins lès broûs èt èle pièrdeûve co dès caurs au d'zeû dè martchi.

Qu'aveûve-t-èle yeû dandjî d'acheter ça ? Qu'èst-ç' qu'i lî aveûve passé è s' tièsse ? One saqwè d' râre insi po s' pôve botiquia !

Â ça, tot l' monde l'aveûve vinu veûy, lès mames èt lès-èfants, èt èlle aveûve vindu à târlarigo ! Mês gn-a nuk qu'aveûve dimandé

l' pris èt l' batia èsteûve todi là, avou s' blanke fuméye di wate, moya come on pèchon crèvé.

Quand l' feume do docteûr Dèlpîre aveûve vinu qwê dès pastiles po l' tos´, Trinète lî aveûve dit : « Wêtîz, Madame, qué bia batia ! Si dj' sèreûve di vos, dji n' dôreûve rin d'ôte qui ça à mès-èfants po leû Sint Nicolès. I sèrin.n´ binaujes come è paradis. »

« Après tot », aveûve-t-èle rèspondu l' feume do docteûr Dèlpîre qui nè l' v'leûve nin, « sint Nicolès, ci n'èsteûve qu'on pôvre ome. Di tote façon, lès èfants sont d'djà poûris gâtés, èt an d'pus, lès-afêres di mi-ome vont brâmint trop mau. Savoz bin, Trinète, qu'i-gn-a quauzu pont yeû d' malade, cit-iviêr-ci ? Si ça n' va nin mia, dji n' sé nin ç' qu'on va fé. » Adon, èle a acheté deûs coquias sur one brokète, èt on n' l'a pus r'vèyu lès djoûs d'après.

Èt asteûre, c'èsteûve li nêt d' Sint Nicolès. Totes lès p'titès boubounes èstin.n´ vindeuwes, mês li *Congo* dins s' coleûr congo, il èsteûve todi là, mièrseû, à fumer s' blanke wate. One piète di vint francs ! Li ciél èsteûve nwâr come li Congo li-minme. Li vinde à bokèts ou è fé one loterîye ? I n' rapwatereûve nin d'djà cinq francs, èt èle nè l' p'leûve tot l' minme nin mète su s' réye asto d' sès-ôtes-agayons.

Si keûr èsteûve come s'il aureûve tchèyu dins on bouchon di spènes. Èle èsprindeûve one tchandèle po sint-Antwin.ne èt one ôte po sint Nicolès, èt èle siplosseûve on tchapelèt po qui l' Ciél euchiche cure do batia èt qui l' grâce viniche. Èle ratindeûve, èle ratindeûve. Li paujêreté baloûjeneûve di rif èt d' raf.

À dîj eûres al nêt èle a sèré sès batantes mês èle ni s'a seû èdwârmu télemint qu'èlle èsteûve pèneûse.

Èt i-gn-aveûve, è ç' pitite vile-là couviète di nîve, one quatyinme djin qui n' dwârmeûve nin. C'èsteûve one pitite bauchèle, li p'tite Cicile, qu'aveûve one pitite tièsse avou dès blondès croles èt qui n' si saveûve jamês laver avou do savon, télemint qu'èlle èsteûve pôve, èt qui pwarteûve ossi one tchimîje qui s' mantche aveûve dès firlokes qui pindin.n´ come dès tchandèles di glace aus panes do twèt.

Dismètant qu' sès parints dwârmin.n´ au là-wôt, li p'tite Cicile èsteûve achîte pad'zo l' djîvau, à ratinde qui sint Nicolès lèyiche tchêr pa li tch'minéye li batia d' chôcolat da Trinète Sandronète. Èle saveûve qu'i lî aleûve apwarter. Èle l'aveûve sondjî totes lès nêts, èt asteûre èlle èsteûve achîte, sûre èt pacyinte. Èt peû qu'i n' si spiyiche tot tchèyant, èle tineûve si cossin dins sès p'tits brès po qui l' batia î d'tchindiche tot doûcemint come one plume.

Èt su l' tins qu' lès quate djins dispièrtéyes, li powéte, li wiyeû dèl toûr, Trinète Sandronète èt li p'tite Cicile, prîjes pa l' djôye, pa l' pwin.ne ou pas li djèriadje, ni vèyin.n´ rin dèl nêt qu'èsteûve come on palês, li lune s'a lèvé, come on rond for avou s' rodje sitopa d'ârdjint. Èt, foû do trau dèl lune, i s'a spaurdu one cléreû si télemint r'glatichante qu'on nè l' saureûve sicrîre avou one plume d'ôr !

Su l' tins d'on-âmèn, li vrêye lumiére tchèyeûve djus do vrê Ciél su l' têre. C'èsteûve po lèyî passer sint Nicolès, achî su s' blanc p'tit baudèt tot tchèrdjî, èt Pére Fwètârd.

Èt comint-ç' qu'il ont v'nu d'ssu l' têre? Rin d' pus aujîy: li p'tit baudèt s'a mètu su on rè dèl lune; il s'a t'nu rwèd su sès pates èt s' lèyî glissî come sur one pisse di glace è pindis´. Èt l' toûrsiveûs Pére Fwètârd a apicî l' kèwe dau p'tit baudèt èt s' lèyî satchî tot bèlote à cu d' pouyon. C'è-st-insi qu'il ont arivé dins li p'tite vile, au mitan dèl place do martchi couvièt d' nîve.

Dins lès banses qui pindin.n´ dès deûs costés do p'tit baudèt, ça r'lûjeûve èt ça sinteûve bon lès sucrâdes qui Pére Fwètârd aveûve cût, tinu à gougne pa sint Nicolès, èl cûjène d'au Ciél. Èt quand on vèyeûve qu'on n'aveûve pus do suke assez, Pére Fwètârd ènn'aleûve, moussî à djint, sins s' fé r'conèche, acheter dès lètcherîyes dins lès botiquias, minme èmon Trinète Sandronète, avou lès caurs dès clabots da sint Nicolès, dès clabots qu'i p'leûve bin wîdî tos l's-ans dins lès-èglîjes. Èt, avou totes cès lètcherîyes-là, i r'gripeûve dins l' bia Ciél su on rè d' lune; èt v'là qu'asteûre tot ça d'veûve yèsse paurti ètur tos lès p'tits camarâdes di sint Nicolès.

Sint Nicolès, su s' baudèt, passeûve dins lès reuwes èt, à chaque maujone qu'i-gn-aveûve on-èfant, d'après qu' l'èfant aveûve sitî sâje ou nin, i d'neûve dès lètcherîyes à Pére Fwètârd. Cit'ci lès pwârteuve, subtil come on tchèt, tot gripant aus gotêres èt aus colêres, tot s' rasplatichant su lès panes, jusqu'al tchiminéye èt lès-î lèyî tchêr précaucioneûsemint pa l' frèd trau, maugré l' vint. Lès gougouyes tchèyin.n´ dirèc su one assiète ou dins on sabot, èt i wêteûve qu'èlle arivinche sins pont d' bouye ni d' grète.

Pére Fwètârd ni fieûve nin l' mèstî d'on-ôte, èt sint Nicolès t'neûve à s' vaurlèt come al purnale di sès-ouy.

I l'zî faleûve passer dins tote li p'tite vile. I mètin.n´ one saqwè èwou-ç qu'il èsteûve rèquis d' mète one saqwè, èt minme à one place ou l'ôte, one deure trique po dès vrês-aplopins.

« Fini j'qu'à l'an qui vint ! », a-t-i dit Pére Fwètârd, tot-z-adouyant lès banses wîdes. I s'a alumé one pupe èt somadjî po l' bouye qu'èsteûve fête.

« Qu'èst-ç' qui vos dd'joz ? », a-t-i d'mandé sint Nicolès, one miète tinkî. « I-gn-a pus rin d'dins ? Èt li p'tite Cicile ? Li brâve pitite Cicile ! »

Tot d'on côp, sint Nicolès a vèyu qu'il èstin.n´ pad'vant l' maujone dèl pitite Cicile ; il a mètu s' dwèt su s' bouche po qu'on cauziche tot bas. Mins l' bauchèle aveûve ètindu l' tchôde, li zûnante vwès come li cène da on malton ; èlle a fêt dès grands-ouy dizo sès doréyès croles ; èlle a ridé j'qu'al finièsse, èlle a bouté li p'tit ridau su l' costé, èt èlle a vèyu sint Nicolès, li vrê.

Èle dimeureûve avou s' bouche au laudje, tote sêzîye. Èle ni saveûve rawè sès songs, di s' doréye tchape d'èvèque qui r'glaticheûve come on djârdin d' tchêrès pîres di totes lès coleûrs, dèl biaté di s' bonèt – qu'one crwès di diamants discôpeûve dèl lumiére dins l' nwâreû come si ç' sèreûve dès coutias –, dèl ritchèsse di ç' qui dècoreûve li crosse : on pèlican ârdjinté qui bètcheûve foû di s' keûr do song coleûr rubis po sès p'tits. Dismètant qu'èle riwêteuve li fine dintèle qui si stindeûve su l' rodje tchape, qu'èle si plêjeûve bin do ravizer l' bon p'tit blanc baudèt, èt qu'i lî faleûve sorîre dèl mawe do guèy Pére Fwètârd qui r'boleûve sès blancs-ouy come s'i n' tinin.n´ nin è s' tièsse – qu'on-z-aureûve dit veûy dès-ous d' pidjons –, èlle a oyu lès deûs-omes qui dd'jin.n´ à n-on l'ôte :

« Èst-ç' qu'i-gn-a pus rin dins lès banses, Fwètârd ? »

« Non, m' Sint Mêsse, nin d' pus qu' dins m' boûse. »

« Riwêtîz cor on côp comifaut, Fwètârd. »

« Oyi, m' Sint Mêsse, mês minme qui dj' prèssereûve su lès banses, i n'è rèchereûve nin d'djà one atatche ! »

Sint Nicolès qui s' fieûve do mwês song, a passé s' mwin è s' croléye baube, blanke come dèl nîve, èt il a clougnî sès-ouy coleûr dèl laume.

« Â », di-st-i Pére Fwètârd, « i-gn-a pus rin à fé, m' Sint Mêsse. Scrîjoz al pitite Cicile qu'èlle aurè deûs, trwès côps ostant l'an qui vint ! »

« Jamês, Pére Fwètârd ! Mi qu'a l' drwèt d'awè m' djîse è Ciél pace qui dj'a fêt raviker trwès-èfants qu'èstin.n´ foutus èt côpés à bokèts dins l' salwè, èt qu' djè l's-a rindu à leû mame, i m' faureûve asteûre lèyî li p'tite Cicile, li pus brâve èfant do monde, sucî si p'tit pôce èt m' dimèprîjî. Jamês d' la vîye, Fwètârd, Jamês ! »

Fwètârd a satchî on fèl côp à s' pupe – ça fieûve brotchî dès-idéyes –, èt il a dit d'on plin côp :

« Mês, m' Sint Mêsse, choûtez. Nos-èstans d'djà taurdus po r'monter è Ciél. Vos savoz bin qu' sint Pière ni tint nin l' Ciél come on pidjonî. An d'pus, l' for èst frèd èt gn-a pupont d' suke. Èt vêci èl vile tot l' monde dwâme èt, à vos come à mi, i nos-èst disfindu d' rèwèyî lès djins, èt, au d'zeû do martchi ossi, totes lès boubounes ont stî vindeuwes. »

Tot sondjant, sint Nicolès a passé s' mwin su s' front qu'aveûve quate plis, do costé qu' sès croles riglatichin.n´, pwisqui s' baube cominceûve tot jusse dizo s' bia bonèt.

I n' vos faut nin dîre comint-ç' qui li p'tite Cicile a yeû todi d' pus d' pwin.ne tot-z-ètindant ça. Li ritche batia ni d'veûve nin abwarder

è s' maujone. Èt tot d'on côp one crâne idéye a brotchî è s' tièsse. Èlle a douvièt l'uch èt vo-l'-là avou si tch'mîje à firlokes su l' sou. Sint Nicolès èt Pére Fwètârd ont potchî au wôt come dès lapins. Mins li p'tite Cicile a fêt on sine di crwès avou brâmint do rèspèt ; èlle a roté dins l' nîve à pîds d'tchaus èt v'nu addé l' sint qu'èst camarâde avou l's-èfants.

« Bondjoû, Mossieû Sint Nicolès », a-t-èle fafouyî l' bauchèle. « Tot n'a nin co stî vindu… Èmon Trinète Sandronète, i-gn-a co on grand batia d' chôcolat do Congo… Quand èlle a seré sès batantes, il î èsteûve co. Djè l'a vèyu ! »

Sint Nicolès qui raveûve sès songs a criyî tot binauje : « Vos vèyoz bin qu' tot n'a nin stî vindu ! Èvôye èmon Trinète Sandronète d'abôrd ! Èvôye èmon Trinète… Mês mizére !… » Èt gn-a s' vwès qui tron. neûve di d'loûjance, « Nos n' p'lans nin rèwèyî lès djins. » – « Mi non pus, Sint Nicolès ? », a-t-èle dimandé l' bauchèle. « Bravô ! » a-t-i criyî sint Nicolès ; « nos-èstans chapés. Vinoz ! »

Èt il ont stî, au mitan dèl reuwe, li p'tite Cicile à pîds d'tchaus pad'vant, tot drwèt al Reuwe dès Waufes-aus-ous qui Trinète Sandronète î d'meureûve. Dins l' Reuwe do Bûre-sins-salé, leûs-ouy ont stî assatchîs pa one finièsse èwou-ç' qu'i-gn-aveûve dèl lumiére. Su l' ridau qu'èsteûve bachî, il ont vèyu l'ombrîye d'one mwinre djin avou dès longs tch'vias, qui t'neûve on lîve èt one pupe dins sès mwins, èt qui fieûve dès grands jèsses an douviant s' bouche èt an l' ricloyant. « On powéte », a-t-i tûzé sint Nicolès èt sorîre. Il ont arivé al pitite maujone da Trinète Sandronète. Li lune lèzî a pèrmètu do lîre li scrîjadje qui pindeûve : *Al Narène di suke*.

« Dispièrtez-l' », di-st-i sint Nicolès. Èt li p'tite fèye s'a stî mète li dos conte l'uch èt flachî su l' bwès avou s' talon. Mins c'èsteûve ossi lèdjêr qu'on maurtia di v'loûr.

« Pus fwârt », a-t-i dit Pére Fwètârd.

« Si dji flache co pus fwârt, ça f'rè co mwins´ di brût pace qui dj'a mau mi p'tit pîd. »

« Avou vos pougn ! » di-st-i Pére Fwètârd.

Mins lès p'tits pougn fyin.n´ co mwins´ di brût qui l' talon.

« Taurdjîz, dji m' va r'ssatchî m' solé, èt vos flacheroz avou ! » a-t-i dit Pére Fwètârd ossi fwârt qui l' ton'wâre.

« Non », a-t-i rèspondu tot sètchemint sint Nicolès. « Pont d' toûrs èt pont d' faustrîyes ! Li bon Diè èst pus clérémint avou nos-ôtes qui l' deure lune, èt i n' vout pont d' toûrs di paurlî ! » Èt l' brâve djin aureûve bin yeû agnî sès dwèts po-z-ayèssî l' sâje pitite Cicile.

« Â ! Li djin avou sès tch'vias d' maurticot su l' ridau bachî ! », qu'il a criyî Pére Fwètârd fin binauje, « cit'là, djè l' pou bin uker ! I n' dwâme nin ! »

« Li powéte ! Li powéte ! » di-st-i sint Nicolès an riyant. Èt vo-lès-là tos lès trwès èvôye ad'lé l' powéte Régulus´ Dèltoûrniole.

Èt sins taurdjî Pére Fwètârd a fêt dès p'tits bolèts d' nîve qu'il a tapé su l' finièsse. L'ombrîye s'a djoké, li finièsse s'a douvièt èt l' pièce di powéte qui rèciteûve dès vêrs dès dieûs èt dès dèyèsses di l'Olimpe, s'a v'nu mostrer dins l' clér di lune èt il a d'mandé d'au là-wôt : « Qué mûse èst-ç' qui vint po m' dicter dès powézîyes di éraus ? »

« I vos faut rèwèyî Trinète Sandronète po nos-ôtes ! » a-t-i criyî sint Nicolès, èt il a raconté sès rûses.

« D'abôrd, vos-èstoz l' vrê sint Nicolès ? » a-t-i d'mandé Régulus.

« Oyi, c'èst bin mi ! » Adon, li powéte a d'tchindu, pèrcé binauje. Il a rôsté tot l' patwès qu'i-gn-aveûve è s' cauzadje, il a fêt dès rèvèrinces, il a d'vizé di Dante, Bèyatrice, Vondel, Milton, Renard èt co d's-ôtes powétes qui por li èstin.n´ è paradis. Il èsteûve leû vaurlèt.

Èt il ont v'nu mon Trinète Sandronète, èt l' powéte a télemint piyoté èt il a télemint choyu l'uch, qui l' brâve comére a potchî foû di s' bèderîye èt douviè s' finièsse, tote èspawetéye.

« Èst-ç' li fin do monde ? »

« Nos v'nans po l' grand batia d' chôcolat ! » di-st-i sint Nicolès, èt i 'nn'î a rin seû dîre di pus pace qu'èlle èsteûve èvôye èt qu'èlle a

v'nu douviè s't-uch dins s' drole di rôbe di nwit, avou on pîd tot nu èt one tchausse è s' mwin.

Èlle a alumé s' lampe èt-z-aler tot d' sûte padrî s' candjelète po sièrvu. Èlle aveûve l'idéye qui c'èsteûve l'èvèque di Nameur.

« Mossieû l'Èvèque » di-st-èle avou one vwès qui iketeûve, « voci l' batia qu'èst fêt avou l' mèyeû dès chôcolats ; i costéye vint´-cinq francs. »

Li pris, ci n'èsteûve qui vint francs mês on-èvèque pout aujîyemint d'ner cinq francs d' pus.

Èt là l' batch qui r'toûne dissu l' pourcia ! Lès caurs ! Sint Nicolès n'aveûve pont d' caurs. On 'nn'a nin dandjî dins l' Ciél. Pére Fwètârd n'aveûve pont d' caurs ! Li bauchèle n'aveûve qu'one tchimîje à firlokes su s' dos. Èt l' powéte mawieûve di fwim, avou sès long tch'vias èt s' longue baube, èt i d'veûve quate samwin.nes su l' louwadje di s' tchambe.

I s'ont r'wêtî n-on l'ôte, tot pèneûs.

« C'èst po l'amoûr do bon Diè ! » di-st-i sint Nicolès. Il aureûve voltî d'né s' bonèt mins c'èsteûve one saqwè què lî v'neûve do Ciél èt c'èsteûve on sacriléje do s'è fé quite.

Trinète Sandronète n'a nin moufeté èt wêtî d'zo êr.

« Fioz-l' po l'amoûr do Ciél », di-st-i Pére Fwètârd ; « l'an qui vint, dj'achetéyerè tot vosse botike. »

« Fioz-l' po l' pure powézie », di-st-i l' powéte come s'il aureûve sitî su one sin.ne.

Mês Trine n'a nin moufeté ; come i n'avin.n´ pont d' caurs, èle s'a mètu à tûzer qu' c'èsteûve dès voleûrs qui s'avin.n´ disguîjîs.

« À l'uch ! Police ! Police ! » a-t-èle bwêrlé tot d'on côp ; « à l'uch ! Sint-Antwin.ne èt sint Nicolès, à mwin ! »

« Mês sint Nicolès, c'èst mi-minme », a-t-i dit l' sint.

« C'èst co do veûy ! Vos n'èstoz nin d'djà capâbe do fé r'lûre one mastoke ! »

« Â, li caur qui man.nit tot l'amoûr ètur fré », a-t-i somadjî sint Nicolès.

« Li caur qui pourciate tote li râre powézîye », a-t-i somadjî l' powéte Dèltoûrniole.

« Èt qui fêt pôves lès pôvès djins », a-t-èle sondjî d'on lan li p'tite Cicile.

« Èt qui n' saureûve portant fé bate blanc l' keûr da on ramoneû », a-t-i dit an riyant Pére Fwètârd. Èt il ont rèchu.

Dins l' nîve qui r'glaticheûve pad'zo l' lune èt dins l' paujêre rèléye, li *Dwârmoz à sauvrité* a soné wôt-èt-clér al copète dèl toûr.

« Èco onk qui n' dwâme nin ! », a-t-i criyî sint Nicolès tot binauje, èt, ossi rade, Pére Fwètârd a mètu s' pîd dins l'uch qui Trinète riclapeûve mèchanmint.

« Fioz qui l' comére ni s'èdwâme nin ! », di-st-i Pére Fwètârd ; « dji r'vin do côp ». Èt tot l' dijant, il a bouté po r'douviè l'uch, si fèlemint qu' Trinète s'a r'trové dirèc dins one banse d'agnons.

Èt, dismètant qu' lès-ôtes rimoussin.n´, Pére Fwètârd a potchî su si p'tit baudèt èt voler come one flèche au d'truviè dès reuwes èt stater al toûr ; il a gripé su lès pîres, su lès dècorâcions, su lès-ècussons, su lès postures di sints, jusqu'al copète, addé Jèrome Pimpurniaus qu'èsteûve an trin do zimeter su *I-gn-aveûve on tchèsseû qu'ènn'aleûve al tchèsse*.

L'ome a lèyî tchêr si viyolon mins Pére Fwètârd lî a tot conté.

« À prume veûy èt après, crwêre », a-t-i dit Jèrome.

Fwètârd l'a fêt d'tchinde sins pus d' rûses qui ça èt, tos lès deûs su li p'tit baudèt, il ont voré à dadaye au d'truviè dès reuwes, viè l' *Narène di suke*.

Èt sint Nicolès s'a mètu à gngnos d'vant l' wiyeû d' nêt èt l' sopliyî do d'ner vint´-cinq francs èt qu'adon, il aureûve tot l' boneûr do monde.

L'ome èsteûve muwé èt il a dit à Trinète qui n' v'leûve rin crwêre èt qu'aveûve on keûr di pire : « Dji n' sé nin si c'è-st-one minte mês c'è-st-insi qu'on veut sint Nicolès dins lès lîves d'imaudjes di nos clouks èt su l' vitray pad'zeû lès fonts. Dj'a l'idéye qui c'èst li. Vos lî p'loz bin d'ner l' batia ! Dji vos payerè d'mwin !... »

 Trinète aveûve fiyâte au wiyeû d' nêt, one djin di s' vwèzinadje. Èt sint Nicolès a r'çû l' batia.

 « Alez raddimint dwârmu è vosse maujone », di-st-i sint Nicolès al pitite Cicile ; « nos-apwartans l' batia tot d' sûte… »

 Li bauchèle a stî è s' maujone mins èle n'a nin dwârmu ; èle s'a achî pad'zo l' djîvau avou s' cossin dins sès p'tits brès, èt ratinde qui l' batia d'tchindiche.

 Qu'èst-ç' qui li p'tite Cicile a vèyu tot d'on còp !

 Vêlà, su on r'glatichant rè d' lune, li p'tit baudèt gripeûve viè l' copète, avou sint Nicolès d'ssu s' dos ; èt Pére Fwètârd si lèyeûve satchî an t'nant l' kèwe dau p'tit baudèt. Li lune s'a douvièt. One doûce grande lumiére a tchèyu à blawetantès coleûrs d'êrdiè su l' monde rascouvièt d' nîve. Sint Nicolès a saluwé viè l' têre èt moussî d'dins ; èt l' nêt a riv'nu come à l'abitude, avou s' vèt´ clér di lune.

Li p'tite Cicile a yeû l'idéye di s' mète à brêre. Pére Fwètârd èt l' bon sint Nicolès n'avin.n´ nin apwarté l' batia. I n'èsteûve nin dissu l' cossin. Mês, tinoz ! Qué boneûr ! Li batia *Li Congo* èsteûve vêlà, dins lès frèdès cindes, sins pont d' poke ni d' grète, riglatichant d'ârdjint, fumant por one mastoke èt one çanse di blanke wate pas sès deûs tch'minéyes. Comint èsteut-i possibe ? Comint-ç' qui ça s'aveûve passé si paujêremint ?

Ça, i-gn-a nuk què l' sét, c'èst l' syince èt l' riglatichante malice da Pére Fwètârd. Èt i nè l' dit à pèrson.ne.

Po lès cias qu'aurin.n´ dès rûses

adouyî, *v. tr., apercevoir*
aplopin, *n. m., garnement*
atatche, *n. f., épingle*
ayèssî, *v. tr., pourvoir*
baloûjener, *v. i., flâner*
batante, *n. f., volet battant*
bèderîye, *n. f., lit (en désordre)*
bèlote tot ~,
   loc. adv., à l'aise
blaweter, *v. i., scintiller*
bonèt, *n. m., ici, mitre*
botiquia, *n.m., petit magasin*
bouye, *n. f., contusion*
brokète, *n. f., bout de bois*
brotchî, *v. i., jaillir*
broûs, *n. f. pl., boue*
bûzia, *n. m., gosier*
candjelète, *n. f., comptoir*
çanse, *n. f., ancienne pièce de
   2 centimes*
choyu, *p. p. p. du verbe cheûre, secouer*
Cicile, *n. pr., Cécile*
cindes, *n. f. pl., cendres*
clabot, *n. m., tronc d'église*
clougnî, *v. tr., cligner*
clouk, *n. m., petit enfant*

colêre, *n. f., gouttière courant le long
   du toit*
coquia, *n. m., jeune coq*
cossin, *n. m., oreiller*
d(i)mèprîjî, *v. tr., mépriser*
disguîjî, *v. tr., pr., (se) déguiser*
d(is)loûjance, *n. f., désespoir*
dismètant qu'(i), *conj., pendant qu(e)*
djêriadje, *n. m., convoitise*
djîvau, *n. m., tablette de cheminée*
êr, *n. f., air ; wêtî d'zo ~,
   lancer un regard soupçonneux*
èrau, *n. m., néol., héros*
êrdiè, *n. m., arc-en-ciel*
èspaweter, *v. tr., effrayer*
èsprinde, *v. tr., allumer*
faustrîye, *n. f., mensonge*
firloke, *n. f., lambeau*
fonts, *n. m. pl., fonts batismaux*
gangne, *n. f., gain*
gougne à ~,
   loc. adv., en respect
iketer, *v. i., parler par saccades*
Jèrome Pimpurniaus, *n. pr., Jérôme
   Pimpurniaux (1741–1837),
   personnage namurois servant de*

pseudonyme à Adolphe Borgnet lorsqu'il rédige les « Légendes namuroises » (1837); Pimpurniau est aussi le surnom du héros namurois Jean Biétrumé Picar dont Victor Petitjean publia la biographie en 1844.

lan, *n. m., élan*
là-wôt, *n. m., étage*
lune deure ~, *n. f., pleine lune*
malton, *n. m., bourdon (insecte)*
maurticot, *n. m., singe*
mawe, *n. f., moue*
mawî, *v. tr., mâcher*
moufeter, *v. i., répliquer*
muwer, *v. tr., émouvoir*
mwin à ~,
 loc. interj., à l'aide
nozé, *adj., charmant*
nuk, *pron. ind., personne*
paujêre, *adj., paisible*
paurlî, *n. m., avocat*
paurti, *v. tr., partager*
pècléye, *n. f., kyrielle*
pèneûs, *adj., triste*
pièce, *n. f., perche,*
 personne de grande taille
pindis´, *n. m., pente*

piyoter, *v. i. tr., piétiner bruyamment*
poke, *n. f., éraflure*
potèt, *n. m., petit pot*
pourciater, *v. tr., gâcher*
pouyon, *n. m., poussin;*
 à cu d' ~, accroupi
prume à ~,
 loc. adv., d'abord
râre, *adj., exceptionnel*
rasplati, *v. tr., aplatir*
ravizer, *v. tr., regarder avec attention*
rè, *n. m., rayon*
rèche, *v. i., sortir*
Régulus´ dèl Toûrniole, *n. pr.,*
 Regulus Dutournis (régulus´:
 réglisse)
rèléye, *n. f., gelée blanche*
réye, *n. f., étagère*
r(i)boler, *v. tr., écarquiller (ici)*
r(i)donder, *v. i., faire écho*
rif di rif èt d' raf,
 loc. adv., de-ci, de-là
r(i)glati, *v. i., briller, reluire*
rôster, *v. tr., enlever*
rûse, *n. f. (pl.), embarras*
salwè, *n. m., saloir*
sauvrité à ~,
 loc. adv., en sécurité

siplosseûve, *ind. imp. de splossî (siplossî), v. tr., égrener (ici)*
somadjî, *v. i., soupirer*
song, *n. m., sang ; rawè sès songs, se rasséréner*
sou, *n. m., seuil*
spaurdu, *p. p.p. du v. spaude, répandre*
stater, *v. i., s'arrêter*
stopa (sitopa), *n. m., plaque de fermeture du four*
tchapia d' curé, *n. m., cuberdon*
tinkî, *v. tr, stresser*
toûr, *n. m., truc, astuce*
toûr, *n. f., tour*
toûrsiveûs, *adj., astucieux, retors*
Trinète Sandronète, *n. pr., Catherine Cornette (la sandronète était un ancien bonnet de nuit pour femme)*
uker, *v. tr., faire venir*
vèt´, *adj., vert ; gros ~, vert foncé*
wiyeû, *n. m., veilleur*
zimeter, *v. i., jouer d'un instrument de musique (accordéon ou violon), péj.*

Edition Tintenfaß

978-3-943052-49-7

978-3-943052-44-2

978-3-943052-05-3

978-3-947994-75-5

978-3-947994-15-1

978-3-943052-45-9

978-3-937467-51-1

978-3-947994-72-4

978-3-947994-74-8

69239 Neckarsteinach (Allemagne) · Tel. / Fax: +49 – 62 29 – 23 22
Internet: www.editiontintenfass.de · E-Mail: info@editiontintenfass.de